LES VOIES DU PASSÉ

1870–1965

BIBLIOTHÈQUE ADMINISTRATIVE
Ministère des Relations avec les citoyens et de l'Immigration
Éléments de catalogage avant publication

Lambert, Serge

Les voies du passé 1870-1965 : les transports au Québec / Serge Lambert, Jean-Claude Dupont [pour] les Archives nationales du Québec. - - Sainte-Foy, Québec : Publications du Québec, ©1997.

(Aux limites de la mémoire)

ISBN 2-551-17834-7

1. Transport – Québec (Province) – Histoire – Photographies I. Dupont, Jean-Claude. II. Archives nationales du Québec. III. Titre. IV. Collection.

C84A74 L54

Les Archives nationales du Québec
Les Publications du Québec

Serge Lambert
Jean-Claude Dupont

LES VOIES DU PASSÉ 1870-1965

Les transports au Québec

Québec

Cette publication a été éditée et produite par
Les Publications du Québec
1500D, rue Jean-Talon Nord
Sainte-Foy (Québec)
G1N 2E5

Photographies
Les fonds du Centre d'archives de
Québec des Archives nationales du Québec

Recherche iconographique et rédaction
Serge Lambert, Les Éditions GID
Jean-Claude Dupont

Édition et production
Brigitte Carrier, Lucie Pouliot, Laurent Langlois
Michel R. Poulin

Grille de collection et couverture
Marc Duplain, graphiste

Dépôt légal — 1997
Bibliothèque nationale du Québec
Bibliothèque nationale du Canada
ISBN 2-551-17834-7

Remerciements

Nous remercions sincèrement Antoine Pelletier, Jacques Morin et Céline Villeneuve, des Archives nationales du Québec, pour l'aide précieuse qu'ils ont apportée à la réalisation du présent ouvrage ainsi que Bernard Audet qui a assuré la révision des textes.

Nous témoignons également notre reconnaissance aux personnes apparaissant sur les photos et dont l'identité n'est pas connue.

Sommaire

À Eugène Cloutier, papi
S.L.

Les voies du passé

L'ouvrage *Les voies du passé* fait revivre des gens, des occupations et des paysages d'un Québec passé, par l'intermédiaire de photographies de moyens de transport en usage à la ville comme à la campagne de 1870 à 1965. Pendant près d'un siècle marqué par le passage de l'ère artisanale à l'ère industrielle, des gens transportent des objets et se déplacent d'un lieu à un autre sur des voies de communication terrestres, maritimes et aériennes, en utilisant la force humaine, celle de l'animal ou encore des procédés mécaniques. Les plus anciennes façons de se déplacer ou de transporter des objets sont surtout influencées par les manières de faire issues de traditions, tandis que les plus récentes relèvent plutôt de l'ingénierie universelle. Mais les moyens de transport sont aussi tributaires de phénomènes sociologiques et économiques, car il faut transporter des objets pour répondre aux besoins de la vie domestique ou professionnelle, ainsi que pour se rendre d'un endroit à un autre participer à une fête ou visiter des lieux inconnus. Les images contenues dans le présent ouvrage témoignent donc de l'usage de récipients à la maison et sur la ferme, de même que de véhicules roulants ou traînants associés à l'agriculture, à la pêche, à la foresterie, aux activités de loisir ou de la vie en société. Le portage manuel est la plus ancienne – et la plus naturelle – manière de transporter un objet, puisque c'est le corps humain qui est en cause. L'objet peut être tenu d'une seule main ou des deux, ou suspendu au bras; on peut aussi s'y prendre à deux porteurs ou encore utiliser un brancard. La charge peut être placée sur une ou deux épaules, à la façon d'un chasseur ramenant un chevreuil à la maison, ou sur le dos, ou bien suspendue en bandoulière sur le front, à la manière du portageur. Le portage peut également se faire sur le dos d'un animal, mais, le plus souvent, on attellera l'animal à un véhicule qui glisse ou qui roule sur le sol. Outre les sentiers et les routes que suivent chiens, bœufs, chevaux et véhicules automobiles, il y a les chemins de fer sur lesquels se déplacent les trains, de même que les cours d'eau et les airs qui sont devenus des voies de communication achalandées. Le cheval, longtemps l'âme de l'écurie et le moteur du travail aux champs, dans la forêt et sur les routes, perd peu à peu de son importance avec l'arrivée des véhicules motorisés : l'automobile, le camion et le tracteur. Lentement, les boutiques du maréchal-ferrant et du charron se sont transformées en ateliers de mécanique et de carrosserie. Comme l'avait été le cheval, ces véhicules furent dès leur apparition l'orgueil de leurs propriétaires; on les voulait puissants, rutilants et capables d'attirer les regards de convoitise. Le plaisir d'exhiber son véhicule devenait aussi important que le fait de s'en servir pour se déplacer ou pour transporter des objets. Ces divers moyens de transport prennent des formes variées dans le temps et ne manquent pas de créer des modes passagères. Le cheval est muni de harnais de différents types, les carrioles changent de modèle et de couleur, les engins à vapeur des trains consomment du bois, du charbon ou du carburant liquide. Le fleuve, les lacs et les rivières ont été sillonnés par des radeaux et des barques de pêche, aussi bien que par des bateaux de plaisance. Dans les airs, on a vu passer le R-100, des avions de différents modèles et des hommes aussi courageux que téméraires. Ces gestes et ces engins destinés à transporter des charges sont souvent marqués du sceau de l'originalité, parfois aussi de particularités régionales. C'est ainsi que, d'un village à l'autre, en fonction des conditions économiques locales et des habitudes de vie, l'évolution fut plus ou moins rapide. Par exemple, alors qu'au Saguenay on faisait flotter du bois dans des dalles pour l'amener au moulin, ailleurs on le transportait en camion vers des barges amarrées aux quais du fleuve Saint-Laurent; et alors qu'on se divertissait en faisant du ski dans la région des Laurentides, ailleurs on ignorait même l'existence de ce moyen de locomotion. Au cours de l'évolution technologique, certains procédés relatifs au transport manuel furent remplacés par de nouvelles technologies dont le fonctionnement échappait complètement à la science populaire. Ainsi, le transport du lait au moyen de seaux portés manuellement par le fermier en vint à se faire mécaniquement par des appareils activant une tubulure de succion, tout comme cela se fit dans l'érablière. Parallèlement, l'abandon graduel des pratiques d'autosuffisance familiale et le développement de l'agriculture spécialisée allaient jeter dans l'ombre certains types de véhicule. Par exemple, lorsqu'on cessa de cultiver le tabac soi-même pour l'acheter préparé, les charrettes à traction humaine utilisées pour le transport des feuilles vers le séchoir disparurent. Chaque fois que l'homme découvre une nouvelle façon d'exécuter une tâche au moyen d'une machine récemment découverte, il est heureux d'en être le propriétaire ou de la faire fonctionner. À l'arrivée des bicyclettes et des motocyclettes sur le marché, les premiers à en posséder étaient ravis de faire des démonstrations de leur adresse. Les pilotes de brousse allaient aussi s'enorgueillir de maîtriser leur engin volant, mais ils faisaient surtout montre de leur hardiesse et se glorifiaient d'avoir réalisé un idéal auquel bien peu d'hommes pouvaient aspirer. De la même façon que le conducteur de charrette ou d'automobile avait une sensation de force lorsqu'il menait un cheval vigoureux ou une automobile au moteur nerveux, le pilote se sentait puissant et indépendant en volant dans les airs. Quant aux excursions en bateau, elles répondaient au besoin de découvrir des lieux inconnus, mais elles dénotaient aussi le goût de jouir d'un confort et d'un luxe réservés généralement aux bien nantis. *Les voies du passé,* c'est aussi une galerie de physionomies d'hommes, de femmes et d'enfants saisies par des photographes en Gaspésie, au Lac-Saint-Jean, dans les Cantons-de-l'Est, en Abitibi, à Québec, à Montréal, à Trois-Rivières et ailleurs. Ces professionnels de l'image s'efforçaient de capter des moments et des lieux pour en conserver le souvenir. Parmi les photographes qui ont posé leur regard sur les gens et les environnements que nous faisons revivre dans cette mémoire visuelle en perpétuel mouvement, mentionnons les Beaudoin, Morin, Bazin, Bédard, Michaud, Lavoie, Carpentier, Proulx, Désilets, ainsi que les nombreux photographes de *l'Action catholique*.

Serge Lambert
Historien

Jean-Claude Dupont
Ethnologue

Des pieds et des mains

Sur la route des écoliers à Sainte-Émilie, Lotbinière

Le problème, quand on allait à l'école nu-pieds, c'est lorsque d'autres enfants chaussés nous marchaient sur les orteils. Sans compter que, sur les routes de gravier, il fallait éviter les cailloux pointus, et dans les champs, les bouses de vache.

Photo : O. Beaudoin, 1957. Cote : E6, S7, P3695-57

Le chemin du succès à L'Ange-Gardien, Rouville

Tout le monde se retrouve sur la route de l'école ; les enfants vont à pied, et l'institutrice voyage à bicyclette. Pour autant, on ne criait pas au privilège de classe. C'était ainsi.

Photo O. Beaudoin, 1956. Cote : E6, S7, P2797-56

Conserver la crème à Saint-Barthélemy, Berthier

Le puits était l'endroit par excellence pour conserver la crème au frais en attendant d'aller la porter à la beurrerie. C'est là aussi qu'on suspendait les chaudières de viande fraîche achetée le vendredi du boucher ambulant pour les repas du samedi et du dimanche.

Photo : O. Beaudoin, 1953. Cote : E6, S7, P97175

Retour de la traite des vaches

On commence le « barda » assez tôt ; il faut d'abord ramener doucement les vaches du champ, car, si on les fait courir, elles perdront leur lait. Traire une douzaine de vaches à la main, c'est aussi une bonne heure de travail ; il faut ensuite transporter le lait à la maison ou à la laiterie pour le « passer au centrifuge ». Puis, après s'être lavé, on pourra enfin souper et se préparer pour aller veiller.

Photo : O. Beaudoin, 1948. Cote : E6, S7, P63275

La récolte du tabac à Saint-Henri-de-Taillon, Lac-Saint-Jean

À mesure que l'été avançait, on cassait des rangs de feuilles de tabac pour les faire sécher au soleil, en commençant par les grandes feuilles du bas. L'automne arrivé, il ne restait plus sur les tiges que les petites feuilles aigres du haut que l'on abandonnait sur le champ.

Photo : Canadien national. Cote : P428, DL910, P1

La rentrée de la morue séchée

Lorsque la morue verte et salée avait séjourné au soleil, étendue sur les vigneaux, pendant six à huit jours, qu'on l'avait tournée et retournée puis empilée en mulons au grand air et mise à l'abri toutes ces nuits-là, elle devenait sèche comme du bardeau de cèdre et prête à aller sur le marché.

Photo : Canadien national. Cote : P428, DL160, P2

Chez les Montagnais de Pointe-Bleue

Chez la plupart des peuples amérindiens, c'est aux femmes que reviennent les travaux de préparation des peaux, de fabrication des costumes et des chaussures de même que des raquettes. C'est un art de tailler la «babiche» à raquette d'une manière si fine et si uniforme; il faut aussi une longue pratique du laçage pour réaliser ces treillis rigides.

Photo: Canadien national. Cote: P428, DL776, P1

Fabrication du sucre d'érable à l'ancienne, à Lotbinière

C'est dans un grand chaudron suspendu à une potence au-dessus d'un feu extérieur que l'on fabriquait la tire et le sucre d'érable avant l'avènement des bouilleuses en fer-blanc ou des évaporateurs. Avant l'arrivée des récipients métalliques des Européens, les Amérindiens réussissaient quand même à préparer une boisson sucrée en jetant des pierres chaudes dans un vaisseau en écorce de bouleau rempli d'eau d'érable.

Photo : O. Beaudoin, 1950. Cote : E6, S7, P76453

Vive les vacances!

Le relais de ski de Saint-Sauveur avait déjà ses adeptes dans les années 40. Les collégiens montréalais qui y passaient les vacances de Noël étaient enviés par leurs pauvres confrères des campagnes qui les entendraient se vanter tout le reste de l'année de leurs aventures en montagne en agréable compagnie.

Photo : Canadien national. Cote : P428, DL681, P3

L'arrivée à Saint-Sauveur

Au début des années 40, les skieurs à bord du petit train du Nord arrivaient déjà par centaines dans les villages des Laurentides. Comme le samedi et le dimanche les rues n'étaient pas encore ouvertes à la circulation automobile, c'était le plaisir des villageois de voir défiler tous ces bien nantis qui se dirigeaient vers les montagnes sur des planches de bois recourbées.

Photo : Canadien national. Cote : P428, DL681, P9

Pique-nique à Val-David

Comment ne pas apprécier une excursion hivernale au milieu d'un tel paysage ! D'après cette photographie, les sacs à dos étaient volumineux dans les années 40 ; nul doute que leur contenu pouvait nourrir plusieurs skieurs mis en appétit par une longue randonnée.

Photo : Canadien Pacifique. Cote : P428, DL830, P1

Un sain divertissement tout près de l'église

Dans les années 30, les clercs n'enlevaient leur soutane que pour se coucher. Cet accoutrement n'était pas des plus commodes pour jouer au tennis, faire de la raquette ou du ski. On ne se privait pas pour autant de pratiquer certains sports, dans le respect des convenances.

Photo : Canadien Pacifique. Cote : P428, DL512, P1

Plaisirs d'hiver chez les collégiens

La glissade en traîneau derrière le collège de Sainte-Anne-de-la-Pocatière au début du XXe siècle. Plaisir innocent d'une autre société qui savait se contenter de peu.

Photo : auteur inconnu. Cote : P428, DL522, P1

À Sainte-Marie de Beauce

À quatre heures, aussitôt l'école finie, on courait vers la maison manger quelques galettes, puis on partait avec un traîneau pour aller glisser dans la côte. Car c'est dans les roulières glacées que l'on pouvait faire le plus de vitesse. Heureusement, la circulation automobile était moins intense que de nos jours.

Photo : J.W. Michaud, 1951. Cote : E6, S7, P90060

Avant de chevaucher, il faut apprendre à monter !

Les premiers monteurs de vélocipède se produisaient dans les petits cirques et arrachaient des cris de la foule en faisant semblant de tomber. Ici et là, des hommes attirés par le défi de se tenir sur deux roues se procurèrent cet appareil et se joignaient aux défilés pendant les fêtes populaires, car, il faut le dire, le vélocipède ne servit presque jamais à des fins utilitaires.

Photo : Hethrington. Cote : E6, S8, P117

« Regarde le monsieur. Fantastique ! »

Depuis toujours, la terrasse Dufferin du Château Frontenac est l'endroit par excellence pour faire la démonstration de ses talents. Cet homme monté sur son vélocipède souhaitait bien ce jour-là voir pleuvoir les sous dans sa cassette. Mais les admirateurs étaient peu nombreux et montraient pas beaucoup d'enthousiasme.

Photo : Hethrington. Cote : E6, S8, P276

Dans un verger de Saint-Jean-Port-Joli

L'automne est une saison très animée à la campagne. Au moment de la cueillette des pommes, tout le monde fait sa part. La plus humble travailleuse est la bienvenue, même avec son modeste véhicule qu'elle conduit tout en dégustant une de ces pommes juteuses.

Photo : O. Beaudoin, 1957. Cote : E6, S7, P3873-57

La rentrée du bois de chauffage à Saint-Eugène-de-Guigues, Témiscamingue

À tour de rôle, à mesure que les enfants grandissaient, ils devenaient responsables du transport du bois de chauffage vers la maison. Chacun voulait inventer le véhicule le plus original et le plus pratique. Car, pour une corvée, c'en était toute une ! On ne se bousculait pas au portillon.

Photo : O. Beaudoin, 1953. Cote : E6, S7, P97188

Tout ce monde à mettre en marche !

La mère assiste au départ de ses sept enfants pour l'école. Les uns repassent leur table de multiplication, les autres les sept péchés capitaux. « Tiens, en voilà un qui ne s'est pas lavé les oreilles ! » L'aîné a droit à la bicyclette. Enfin ! une autre journée tranquille pour la mère.

Photo : O. Beaudoin, 1957. Cote : E6, S7, P3755-57

En espérant que les mouches ne piquent pas trop !

Le guide et les porteurs accompagnent des pêcheurs de truite au camp du lac Rossignol. Il a d'abord fallu franchir plusieurs kilomètres dans la forêt avant d'arriver dans ce paradis envahi par les mouches noires, qui dévorent tout ce qui bouge et ne respectent pas le dur labeur librement consenti par ces hardis pêcheurs.

Photo : Canadien national. Cote : P428, DL918, P1

Épluchage du blé d'Inde à Berthierville

Les plus beaux épis se retrouvaient dans les bouillis au bœuf, ou bien on les égrenait pour en faire des conserves. Quant aux petits épis et aux pelures, on les donnait aux vaches, puisqu'il n'y avait rien de meilleur pour faire augmenter la quantité de lait.

Photo : O. Beaudoin, 1953. Cote : E6, S7, P97170

Récolte des patates à Saint-Simon de Rimouski

Comment faire pour mettre cette chaudière de patates dans cette poche-là ! C'est le début d'un apprentissage qui sera fait d'un certain nombre d'exclamations, d'interrogations, d'essais et d'erreurs. Pourvu que le travail soit pris au sérieux, comme c'est le cas ici !

Photo : O. Beaudoin, 1954. Cote : E6, S7, P2422-64

À hue et à dia

De belles scènes à immortaliser

Le photographe ambulant Livernois se déplace régulièrement à la recherche de sujets à immortaliser. Ce jour-là, à l'été 1871, il a arrêté sa voiture à Pointe-à-Carcy, dans le Vieux Port de Québec, où il jette un coup d'œil au paysage. Avec un tel équipement, on ne prend jamais trop de précautions : choix de scène ou de paysage, temps d'exposition, éclairage, cadrage. Toute erreur risque d'être coûteuse.

Photo : Livernois et Bienvenu, 1871. Cote : E6, S8, P463

Le professionnalisme, gage de qualité

Les livreurs de la compagnie Paquet entreprennent une journée d'ouvrage. Nous sommes au début du XXe siècle. Comme le veut le marketing, une entreprise de qualité se doit de refléter la propreté et la prospérité ; aussi les véhicules sont-ils impeccables, et les attelages rutilants. Les livreurs ne peuvent se présenter autrement que revêtus d'un costume digne de la maison qui les emploie.

Photo : W.B. Edwards. Cote : P525, P1

Rue Saint-Jean, à Québec, le quartier chic des affaires

De tous côtés on s'arrache les clients qui déambulent au long des larges trottoirs de bois. Face à face, des magasins qui font partie du paysage depuis des décennies : l'épicerie J.A. Moisan, les chaussures Joseph Demers, la lingerie Giguère, mieux connue sous le nom des « Demoiselles Giguère ».

Photo : Hethrington. Cote : E6, S8, P41

L'ancêtre des traiteurs à Québec

Hethrington's Bakery, comme la plupart des commerçants du début du XXe siècle, fait sa réclame en anglais, qu'on peut traduire par « produits recherchés pour des gens de bon goût ». Hethrington, passé maître dans le métier, fait et distribue du pain, des biscuits, des petits gâteaux et des gâteaux de noces.

Photo : Hethrington. Cote : E6, S8, P171

Char de métier à la fête du Travail de 1895

La coutume de représenter les artisans dans les défilés de la fête du Travail perpétue une tradition issue du Régime français et héritée des Compagnons du Tour de France. Cette société, vouée à l'apprentissage des métiers manuels en France, a vu plusieurs de ses pratiques transmises au Québec.

Photo : P. Gingras, 1895. Cote : P585, P114

Faste religieux devant l'église Saint-Alphonse, au Saguenay

Au cours de la célébration du centenaire du Saguenay, en 1938, le cardinal Villeneuve se déplaçait dans le « landau du cardinal Taschereau » tiré par quatre chevaux menés par deux cochers sous la garde d'un palefrenier. Noblesse oblige.

Photo : Canadien national. Cote : P428, DL35, P14

À l'ombre des clochers

À midi, par une belle journée ensoleillée, Montréal est endormie. Les charretiers font reposer leurs chevaux sous les grands arbres du carré Dominion. Dans peu d'années, les automobiles viendront troubler ce paysage tranquille. Le bruit et la pollution de l'air régneront sur ces lieux.

Photo : Canadien national. Cote : P428, DL900, P71

Le mécanicien-opérateur suivait la pompe de près

En 1895, dans les villes de Québec et de Montréal, la pompe à vapeur pour combattre les incendies, communément appelée «pompe à steam», était actionnée par une fournaise qu'il fallait alimenter en bois ou en charbon. Tout comme les autres véhicules qui la suivaient pour transporter les échelles, les tuyaux, les haches et les chaudières, elle était installée sur un traîneau ou un chariot tiré par des chevaux fringants et avides de courses et de vitesse.

Photo : P. Gingras, 1895. Cote : P585, P105

Ancien marché Montcalm, carré D'Youville, Québec

Plus de cent chevaux en rangs serrés qui mangent, boivent, hennissent et piaffent d'impatience ; tout un attrait pour les maquignons ! Les bêtes sont attelées à des voitures sur lesquelles sont étalés les fruits et légumes cultivés dans les campagnes environnantes pour être vendus aux citadins qui, eux aussi, arrivent tôt sur la place du marché.

Photo : L.-P. Vallée. Cote : P428, DL431, P744

Visite du « pain de sucre » de la chute Montmorency

Cette scène de la fin du XIXe siècle illustre un moment des plaisirs de l'hiver, alors que des excursionnistes s'arrêtent au pied de la chute pour admirer le paysage. Ici, on peut voir la colline de glace formée par les gouttelettes produites par la chute.

Photo : auteur inconnu. Cote : E6, S8, P422

Rue principale, île aux Grues

Les habitants des rangs ne se rendent pas chez le marchand général au village en « quêteux » ; fierté oblige, on sort le « robertail » et on se met sur son trente et un. Il ne faut rien négliger, car on sera le point de mire des villageois aux fenêtres ou sur les galeries.

Photo : N. Bazin, 1964. Cote : E6, S7, P2623-64

Un tour de « buggy », mesdames ?

Les touristes du Grand Hôtel de Tadoussac se répandent dans le village et aux alentours à la découverte des lieux. Les uns déambulent à pied, les autres vont sur l'eau ou montent en voiture pour explorer. On a le temps avant l'heure du thé.

Photo : H. Lavoie, 1942. Cote : E6, S7, P10220

Le lait du jour à votre porte

Ovide, l'un des fils de la famille Jos. Carré, de Saint-Antoine-de-Tilly, dans Lotbinière, fait tôt le matin le chargement du lait, de la crème et du beurre pour commencer sa livraison avant que le soleil soit trop fort et pour en avoir terminé à midi. Son cheval connaît la route avec tous ses arrêts.

Photo : O. Beaudoin, 1957. Cote : E6, S7, P4024-57

Au temps des charrettes et des « quatre-roues »

Le fromage est fait de lait entier, tandis que la crème sert à fabriquer le beurre. Parmi les contenants apportés par les « patrons » à la beurrerie-fromagerie, il y a des « bidons à lait » et des « bidons à crème », ces derniers étant plus petits. Il fallait arriver tôt le matin pour se mettre dans la file et attendre que le maître pèse les produits. Puis, une fois les bidons vides, les cultivateurs les faisaient remplir de petit-lait ou de « lait de beurre » qu'ils utilisaient pour préparer le brouet des porcs.

Photo : Canadien national. Cote : P428, DL572, P6

Le temps des sucres, à Ironside, dans l'Outaouais

C'est plutôt rare qu'on attelle des chevaux en double à la tonne d'eau d'érable, puisque, à ce moment de l'année dans les érablières, la neige est «pourrie» et les chemins «défoncent». Et lorsqu'un cheval s'embourbe, il se lance d'un côté et de l'autre pour rattraper de la neige durcie, au risque de blesser l'autre cheval.

Photo : Malak. Cote : P428, DL861, P1

La partie de sucre des amoureux

Le cheval qui tirait la tonne d'eau d'érable s'arrêtait de lui-même lorsqu'il voyait un cueilleur rapporter un seau rempli ; et aussitôt après avoir entendu verser le liquide dans la tonne, il se remettait en marche. Cette photographie, prise à L'Ange-Gardien, rappellera de beaux souvenirs aux amoureux de l'époque.

Photo : L. Arcand, 1947. Cote : E6, S7, P36532

« En petite charrette, maluron malurette »

Il fallait un toucheron pour mener un bœuf, puisque même si on lui mettait un attelage de cheval comme on l'a fait ici, il se laissait difficilement conduire. De plus, le bœuf est têtu et ne répond pas au commandement comme le fait le cheval. Il ne résiste pas non plus à la vue d'une bonne gueulée de céréales, et à tout moment il va à gauche, à droite ou en avant, pour aller la ramasser.

Photo : Canadien national. Cote : P428, DL114, P6

Cour de grange-étable, à Saint-Laurent, île d'Orléans

Grange à l'ancienne, dont le mur-pignon est coiffé d'un coyau, communément appelé « aronde », à cause de sa ressemblance avec la queue de l'hirondelle. La porte à claire-voie, elle, est un « clayon », parce qu'elle imite la claie de roseau sur laquelle s'égoutte le fromage. Quant à la charrette à ridelles, elle est munie d'échelettes.

Photo : O. Beaudoin, 1951. Cote : E6, S7, P85765

La rentrée du foin au cap Tourmente, Montmorency

Semblable à un porc-épic qui se déplace lentement, le foin glisse sur la route au rythme des bruits saccadés produits par le moyeu des roues qui frappe sur l'essieu. Le conducteur occupe un siège de première classe qui lui permet d'admirer le paysage et de humer la bonne odeur de l'herbe fauchée.

Photo : J.W. Michaud, 1948. Cote : E6, S7, P64623

Dernier voyage de la saison au cap Tourmente

Sur une pointe de terre alluviale bordée par le fleuve et un cap rocheux, la voiture munie d'un panier à foin attend les chevaux occupés au râtelage. Vienne l'hiver, rien n'aura été laissé en friche.

Photo : J.W. Michaud, 1948. Cote : E6, S7, P64264

Hommes au champ à Rivière-des-Prairies

C'est un art de savoir charger du foin d'aplomb, qui ne se videra pas en chemin : d'abord « faire quatre bons coins » ; puis jointoyer les fourchetées sur les côtés, et ne pas oublier de peigner le chargement avant de quitter le champ. Rien ne vaut les gestes traditionnels.

Photo : O. Beaudoin, 1950. Cote : E6, S7, P78482

Le spécialiste des roues à rayons de bois

Les wagons de l'entreprise Normand de Saint-Pascal de Kamouraska sont répandus au Québec dans la première moitié du XXe siècle. Cette entreprise fabrique aussi des banneaux, des brouettes et des charrettes à traction humaine. Les produits se reconnaissent à leur couleur rouge clair et à leurs ajouts de lignes et de motifs décoratifs.

Photo : J.W. Michaud, 1950. Cote : E6, S7, P80617

L'érochement, à Saint-Rosaire d'Arthabaska

Chaque année, on recommençait les mêmes travaux. Ainsi, le ramassage des roches avait lieu tous les printemps, car à mesure qu'on labourait il en ressortait toujours du sol sous l'effet des gelées.

Photo : O. Beaudoin, 1952. Cote : E6, S7, P94160

Scène familière à l'île aux Grues

Le temps semble s'être arrêté sur cette île du fleuve Saint-Laurent. Tout se fait à pas mesurés, et on arrive toujours à temps.

Photo : A. Proulx, 1955. Cote : E6, S7, P3117-55

Raccourci d'hiver sur le fleuve

Fermiers de l'île d'Orléans utilisant un chemin d'hiver sur les battures. Des têtes de sapin servent de balises pour indiquer le tracé à suivre après les tempêtes de neige. Cette scène hivernale ressemble à celles réalisées par le peintre Krieghoff il y a 125 ans.

Photo : J.W. Michaud, 1949. Cote : E6, S7, P68593

Des cabanes qui s'animent

Le temps est venu d'installer les cabanes de pêche aux petits poissons des chenaux à Sainte-Anne-de-la-Pérade. Jusqu'au printemps, des cabanes de toutes les couleurs égaieront le paysage hivernal et abriteront les fêtards. Une manne pour les pêcheurs aussi bien que pour les villageois.

Photo : N. Bazin, 1954. Cote : E6, S7, P97803

De la glace à longueur d'année

Cabestan installé en bordure du fleuve Saint-Laurent, à Giffard, pour extraire des morceaux de glace qui seront conservés dans le bran de scie. Au besoin, ils seront taillés et livrés de porte en porte dans les rues de Québec. Les beurriers s'approvisionnent aussi de glace pour conserver leurs produits au frais.

Photo : J.W. Michaud, 1949. Cote : E6, S7, P68477

Un petit tour de voiture, ça fait toujours plaisir !

De père en fils, depuis des générations, la culture des pommes est une des activités des gens du comté de Rouville. Lorsqu'ils ont répondu à la demande de tous leurs clients, ils portent ensuite les autres barils à la coopérative montérégienne qui fabrique un jus de pomme vendu dans tout le Canada.

Photo : O. Beaudoin, 1947. Cote : E6, S7, P60298

Au moment où les jours sont les plus courts de l'année

En hiver, par temps morts, les cultivateurs débitent du bois qu'ils vendent au village. Ils dressent ainsi les corps d'arbre pour ne pas les retrouver enneigés au moment où ils les scieront en bois de chauffage.

Photo : J.W. Michaud, 1950. Cote : E6, S7, P75337

À Sainte-Adèle, avant l'arrivée des motoneiges

La randonnée d'amoureux en « petite sleigh légère » constituait l'un des rares moments où les jeunes couples pouvaient se retrouver seuls. Là, on avait une bonne raison de se coller pour se réchauffer, sous une épaisse couverture en peau d'ours. Et l'on ne se plaignait jamais que le cheval était peu vigoureux.

Photo : C. Décarie, 1944. Cote : E6, S7, P18030. Centre d'archives de Montréal

La levée des filets sur l'eau

Lorsque les filets étaient chargés de harengs, il fallait travailler en équipe pour en faire la levée. Des voisins donnaient un coup de main ou des hommes s'associaient dans le travail et dans les revenus. On attendait la marée basse pour amener le tombereau tiré par un cheval au lieu de chargement.

Photo : C. Bernard. Cote : P428, DL86, P1

Retour de pêche à la morue à L'Anse-aux-Gascons

Une table à nettoyer la morue est installée sur la grève pour y éviscérer les poissons, couper les têtes et détacher l'épine dorsale. Les déchets sont rejetés à la mer et la chair de morue est transportée en banneau vers les vigneaux où elle séchera au soleil.

Photo : E.L. Désilets, 1949. Cote : E6, S7, P73830

Le varech pour fertiliser le sol et isoler du froid

L'automne, en prévision du temps froid, on cueillait le varech sur la grève pour renchausser le solage des maisons et recouvrir le sol vis-à-vis des tuyaux par où circulait l'eau de la maison et de l'écurie. Le varech était aussi répandu sur les champs fraîchement labourés pour engraisser le sol.

Photo : A. Proulx, 1955. Cote : E6, S7, P1891-55

Une bonne pipée de tabac canadien

Ce couple attend son tour pour faire moudre son grain chez le meunier Morel de Val-Jalbert, au Lac-Saint-Jean, vers 1925. L'attente était plus ou moins longue selon qu'il arrivait plus ou moins d'eau dans la dalle pour faire tourner les meules. Par temps de sécheresse, on pouvait ainsi passer la nuit à fumer sa pipe. Même la vieille n'y manquait pas.

Photo : Canadien national. Cote : P428, DL833, P4

À la ferme, avant l'ère des garderies

Jadis, l'été, les enfants n'étaient jamais bien loin de leur mère ; ils la suivaient aussi bien au désherbage du jardin qu'au moment de la récolte des légumes. Ici, à Repentigny, ils assistent à l'arrachage des betteraves à sucre.

Photo : O. Beaudoin, 1950. Cote : E6, S7, P81498

Un petit tour sur le gros cheval à papa

Les enfants des cultivateurs commencent jeunes à s'habituer aux animaux de la ferme. Ici, une première leçon d'équitation pour le fils, à Saint-Paul-de-Chester, Arthabaska.

Photo : O. Beaudoin, 1957. Cote : E6, S7, P3960-57

De la motivation et de bons chiens

Attelage de « Huskies » inscrit à la course de chiens du carnaval d'hiver de Québec, en 1955. Il faut un conducteur et un cométique légers, des chiens rapides et exercés à la compétition. C'est un sport de discipline et de grands espaces.

Photo : N. Bazin, 1955. Cote : E6, S7, P307-55

Une touriste comblée

Pendant l'hiver, au début du siècle, la promenade en traîneau faisait partie des activités qu'on pouvait pratiquer dans les rues de Québec, au même titre que le tour de calèche si populaire de nos jours.

Photo : Canadien Pacifique. Cote : P428, DL431, P189

Mon fils, tu n'oublies pas le bon Dieu ?

Ce chien semble bien pressé de reprendre sa route, inconscient que son jeune maître est en train de recevoir des conseils qui lui seront sans doute profitables ! Un monologue ou un dialogue ?

Photo : Miller Services Ltd. Cote : P428, DL826, P1

La malle royale en charrette à chien

Dans l'histoire du Saguenay–Lac-Saint-Jean et de la Côte-Nord, tous les moyens de transport furent utilisés pour transporter le courrier, sans oublier la charrette de ce jeune postillon de Chambord, au début des années 20. Mais un nouveau moyen de transport n'est pas loin.

Photo : Canadien national. Cote : P428, DL91, P7

Plaisirs d'hiver à Montréal à la fin du XIXe siècle

Voilà une petite famille montréalaise bien équipée pour les divertissements d'hiver. Quel enfant pouvait résister à monter dans ce beau « borleau » tiré par des chiens au son des grelots ?

Photo : Canadien national. Cote : P428, DL900, P35

Vers la boucherie, à Berthier-en-Bas, Montmagny

La tristesse que cet enfant ressent de devoir se séparer de son petit veau préféré est compensée par le plaisir de le conduire lui-même en charrette à la boucherie. Nul doute qu'on ne lui a pas confié le cheval le plus fringant de l'écurie.

Photo : O. Beaudoin, 1948. Cote : E6, S7, P63630

Rue Racine, à Chicoutimi, vers 1915

Une rue marchande où cohabitent couturière, vendeuse de lingerie, horloger, blanchisseur, barbier, épicier, salle de billard. On remarquera l'élévation du centre de la rue pour permettre à l'eau de pluie de s'écouler en bordure des trottoirs, car il n'y a pas encore de système d'égout pluvial dans les rues. Trois modes de locomotion sont utilisés : la bicyclette, l'automobile et le cheval.

Photo : Canadien national. Cote : P428, DL102, P1

Charron de Saint-Fidèle, Charlevoix

Le charron de village était très occupé, car c'est lui qui fabriquait et réparait les roues de tous les véhicules. Pour que les rayons soient solidement ancrés dans le moyeu et la jante de la roue, le bandage de fer était posé rougi au feu ; en refroidissant, il raffermissait ainsi les assemblages.

Photo : H. Lavoie, 1942. Cote : E6, S7, P8246

Et voguent les souvenirs

Le sommeil hivernal

Dans les chantiers navals de Québec, Lévis et Lauzon, on construisit plus de deux mille voiliers de 1800 à 1900. Certains étaient vendus en Europe, d'autres demeuraient en Amérique et servaient à faire le transport des marchandises, surtout le commerce du bois entre le Québec et l'Angleterre. En hiver, les rades devenaient un lieu d'hivernement pour plusieurs voiliers québécois.

Photo : Hethrington. Cote : E6, S8, P294

Au temps des grands voiliers

Aussitôt les glaces disparues, la vie était animée au pied de la côte du Passage, à Lévis. On chargeait et déchargeait des marchandises, on allait s'approvisionner d'agrès de voilures chez les cordiers, les voiliers et les poulieurs. Et lorsque le moment du départ arrivait, le capitaine devait souvent visiter les tavernes du port pour ramener ses marins en goguette.

Photo : Hethrington. Cote : E6, S8, P300

La rencontre des voiliers et des vapeurs

Certains jours, au début du XXe siècle, le port de Montréal voit arriver et partir jusqu'à deux cents bateaux. En plus des navires étrangers qui y accostent, de nombreux navires desservent la vallée du Richelieu et les côtes du Saint-Laurent. Le marché Bonsecours de Montréal reçoit ainsi les produits de tout l'est du Québec.

Photo : Canadien national. Cote : P428, DL900, P7

Un dépaysement à portée de la main

Vers 1840, différentes compagnies mettent à la disposition des excursionnistes des bateaux à vapeur qui assurent les liaisons entre Québec, Murray Bay et Rivière-du-Loup. La St. Lawrence Steamboat Company assure le service de 1872 à 1886. Aux escales, des gens de la région montent à bord pour exécuter des danses traditionnelles. Ailleurs, des Micmacs ou des Montagnais vendent aux touristes les paniers qu'ils ont fabriqués dans leurs réserves.

Photo : Canadien Pacifique. Cote : P428, DL431, P83

Trois jours de rêve

Au début des années 50, on peut faire une excursion sur un vapeur partant de Montréal et passant par Québec pour se diriger ensuite vers le fjord du Saguenay. Pour douze dollars, on passera ainsi trois jours sur le fleuve et l'on fera des escales qui permettront de découvrir la nature et les habitants des côtes.

Photo : J. Morin, 1957. Cote : E6, S7, P2129-57

Des hôtels flottants

Les « bateaux blancs », navires de plus de deux cents pieds de longueur, ont un intérieur luxueux comportant de beaux escaliers et des salons feutrés de tapis rouge. Trois cents passagers se prélassent au milieu d'œuvres d'art ou autour de tables offrant une nourriture comparable à celle que l'on sert dans les grands hôtels de Québec et de Montréal. De Toronto au Saguenay, et jusqu'à l'Atlantique, on se déplacera ainsi dans le luxe et le confort jusqu'au début des années 60.

Photo : S.J. Hayward. Cote : P428, DL799, P1

Une nuit dans la baie des Ha ! Ha !

À partir de 1872, la St. Lawrence Steam Navigation Company offrait un service de première classe aux voyageurs qui montaient sur le Saguenay, l'Union, le St-Lawrence ou le Clyde, en partance de Québec pour Tadoussac et Chicoutimi. Les excursionnistes en quête de beauté découvraient des paysages enchanteurs et incomparables.

Photo : auteur inconnu. Cote : P428, DL35, P2

Les « bateaux blancs » défilent sur le fleuve

Au quai de Pointe-au-Pic, les activités maritimes prirent de l'ampleur avec l'apparition des bateaux propulsés à la vapeur. Au tournant du siècle, la flotte de la Compagnie de navigation Richelieu et Ontario comprenait vingt-cinq vapeurs; elle sera englobée par la Canada Steamship Lines, géant du transport maritime à l'époque. À la fin du XIXe siècle, plusieurs hôtels luxueux de Pointe-au-Pic et de Tadoussac accueillent les voyageurs emmenés par les «bateaux blancs».

Photo : Canadien national. Cote : P428, DL411, P4

Partout, des traversiers

À partir de 1875, un traversier, le Eureka, *part de Murray Bay tous les jours pour aller relier le train du Grand Tronc à Rivière-Ouelle. Pendant un demi-siècle, des milliers de vacanciers venant par train de Montréal, de Toronto et de l'Ouest canadien prennent place à bord du traversier qui les amènera dans la région de Charlevoix. De 1877 à 1919, les traversiers* Admiral, Folger *et* Lévis *se succèdent pour assurer un service quotidien entre Pointe-au-Pic et Rivière-Ouelle et faire monter les touristes qui arrivent de New York et de Boston. Ici, un traversier devant Trois-Rivières. Le pont Laviolette n'existe pas encore.*

Photo : N. Bazin, 1957. Cote : E6, S7, P1360-57

Arrivée du traversier à Tadoussac

De Baie-Sainte-Catherine à Tadoussac, la traversée semble facile et romantique, mais il n'en est pas toujours ainsi, surtout dans les mers d'automne et pendant l'hiver. Car, disent les vieux marins-passeurs, «on ne peut jamais se fier aux eaux de la baie». Heureusement, le voyage est de courte durée et on est à une courte distance des rives.

Photo : G. Bédard, 1949. Cote : E6, S7, P68240

Si près, et si loin

En été, les gens de Saint-Juste-du-Lac, dans le Témiscouata, pouvaient assez facilement rejoindre la rive de Notre-Dame-du-Lac en traversant sur une plate-forme flottante. Pendant l'hiver, lorsque la glace était bien prise, il y avait encore moyen de s'y rendre en voiture à cheval, mais à l'automne et au printemps il fallait user de précautions, puisque la glace était mince et qu'il y avait des trous d'« eau claire ».

Photo : J.W. Michaud, 1952. Cote : E6, S7, P91685

Des pèlerins sur les eaux

Qui n'a pas rêvé de faire son voyage de noces à un sanctuaire ou de s'y rendre pour demander une faveur ? Depuis le XIXe siècle, il y a plusieurs lieux de pèlerinage le long du Saint-Laurent, voire sur des rives de lacs et de rivières. Ici, des pèlerins de Saint-Sauveur débarquent du bateau pour s'acheminer vers le sanctuaire.

Photo : A. Côté. Cote : P428, DL76, P2

Bac dans la baie de Gaspé

Jusque dans les années 20, il n'était pas toujours nécessaire d'utiliser un traversier d'envergure, puisqu'un petit bac suffisait pour transporter les quelques rares automobiles qui circulaient sur les routes de terre. Car, outre le médecin, le curé, le député et quelques gens d'affaires, bien peu possédaient de ces véhicules motorisés.

Photo : Canadien national. Cote : P428, DL160, P7

La procession sur l'eau

Chaque été, au début de la saison de la pêche, au jour fixé pour la bénédiction des barques, ont lieu des activités religieuses et populaires. Un prêtre monté sur le bateau qui prend la tête du convoi bénit les flots pour que la saison soit bonne et que les pêcheurs soient préservés de la noyade. Ce jour-là, sur les bateaux décorés de fanions multicolores, les familles des pêcheurs ont droit à une randonnée en mer, avant de participer au bazar paroissial.

Photo : P. Carpentier, 1960. Cote : E6, S7, P1965-60

Le capitaine cherche une passe dans les glaces

Lentement, à travers les glaces qui se bousculent, le traversier de Lévis s'approche du quai de Québec. Il est bien peu d'habitués de ce trajet hivernal qui n'eurent pas un jour à passer de longues heures sur le bateau entraîné par les glaces jusqu'à l'île d'Orléans. C'est un voyage imprévu qui laisse rarement un souvenir amer, sauf au capitaine...

Photo : Hethrington. Cote : E6, S8, P77

Tadoussac, port d'attache et de rencontre

La chapelle de Tadoussac marque le lieu de résidence des missionnaires qui desservaient un territoire immense. Des coureurs de bois à la recherche de fourrures en faisaient aussi un port d'attache. Les Amérindiens venaient y échanger leurs fourrures contre des objets européens. Les pêcheurs ramenaient leurs prises du large sur la grève.

Photo : N. Bazin, 1963. Cote : E6, S7, P1235-63

Barge de bois partant du quai de Saint-Jean-Port-Joli

L'été, des années 20 jusqu'au milieu des années 70, les « barges à pitounes » se succédaient aux quais de la rive sud du Saint-Laurent pour être chargées de bois destiné aux moulins à papier de Québec, de Donnacona et de Trois-Rivières. Des camions y transportaient le bois coupé dans les chantiers forestiers des régions de Kamouraska, de Témiscouata et de Rimouski.

Photo : P. Carpentier, 1958. Cote : E6, S7, P182-58

Chargement de goélette à Tadoussac

Les goélettes à quille desservaient les régions de Charlevoix et de la Côte-Nord, où il y avait davantage de quais de transbordement, tandis que les goélettes à fond plat fréquentaient la Côte-du-Sud, où elles échouaient à marée basse sur la grève. Des charpentiers de presque tous les villages de Charlevoix et de l'île aux Coudres, et de Bellechasse à Matane, ont construit ces deux types de goélette.

Photo : H. Lavoie, 1942. Cote : E6, S7, P10195

Des bômes qui emprisonnent les billes de bois

Sur les lacs et sur les rivières où le courant est lent ou inexistant, de même que sur les cours d'eau inondés où le bois risque de se perdre sur les rives, la drave se fait avec des bômes emprisonnant de grandes étendues de bois. Des remorqueurs les traînent ensuite au moyen de fortes chaînes jusqu'aux rapides qui leur font parcourir facilement de longues distances.

Photo : P. Carpentier, 1945. Cote : E6, S7, P28165

Flottage du bois sur le lac des Perles, près de Forestville

Lorsque les billots avaient été acheminés par les draveurs jusque dans le voisinage des moulins, des hommes montés sur des embarcations et munis de gaffes dirigeaient ces amas de billes vers les bassins des moulins. Un travail de force et d'adresse.

Photo : A. Proulx, 1955. Cote : E6, S7, P3139-55

Une glissade qui n'en finit plus à Beaupré

Pour diriger jusqu'au moulin le bois que les draveurs avaient fait flotter sur les rivières, il fallait parfois construire d'immenses glissoires sur plusieurs milles de distance, dans lesquelles un courant d'eau continu entraînait les billes. Mais, à mesure que la forêt reculait, ce moyen de transport fut remplacé par d'autres : chemins de fer, camions.

Photo : J.W. Michaud, 1942. Cote : E6, S7, P7010

Vivre au rythme des billes qui se pourchassent

Dans le village de Franquelin, sur la Côte-Nord, jour et nuit, pendant les longs mois d'été, on entendait bondir les billes de bois qui descendaient dans la glissoire passant derrière les maisons. Ce bruit signifiait une richesse abondante qui se déversait de la forêt vers les usines.

Photo : P. Carpentier, 1946. Cote : E6, S7, P32829

Sault-au-Mouton

Un petit paradis où la vie semble s'être arrêtée. Seul le bruit de l'eau qui s'échappe de l'écluse de la compagnie de pâte à papier Donnacona vient troubler le chant des oiseaux. Un mélange de vie champêtre et d'animation industrielle.

Photo : P. Carpentier, 1951. Cote : E6, S7, P87348

Bateau en construction à Saint-Siméon, Charlevoix

Les goélettes, qui avaient une durée de vie d'une vingtaine d'années, étaient nombreuses au XIXe *siècle. L'ethnologue naval Alain Frank a recensé sept cent cinquante goélettes et caboteurs appartenant à des Québécois, pour la seule année 1875. La* Jean Richard, *construite à Petite-Rivière-Saint-François en 1958, fut la dernière goélette provenant de Charlevoix.*

Photo : H. Lavoie, 1942. Cote : E6, S7, P8235

L'été, c'est la vie

Après avoir réparé les filets, calfaté et repeint les embarcations, parlé des bonnes prises, des bons bateaux, du prix du hareng, de la morue et du homard, dès que l'eau commence à se réchauffer, voilà les pêcheurs repartis en mer, ou affairés sur les quais et dans les hangars de pêche. Le soir venu, à mesure que le soleil descend, les embarcations reviennent du large s'amarrer pour la nuit.

Photo : E.L. Désilets, 1951. Cote : E6, S7, P85558

Le mouillage des cages

Quotidiennement, ces deux pêcheurs répètent les même gestes. Ils sortent les cages de l'eau, enlèvent les homards qui s'y trouvent, mettent de nouvelles têtes de morue qui serviront d'appât et mouillent les cages. Ils ne peuvent toutefois pas prévoir combien de prises ils ramèneront avec eux.

Photo : N. Bazin, 1959. Cote : E6, S7, P989-59

La pêche miraculeuse

Déchargement d'un chaland de harengs pris dans les filets qu'on a jetés au large des îles de la Madeleine. On le trie par catégories : on en vendra du « frais », on en fera fumer, on en gardera aussi pour « bouetter » les filets à morue et pour engraisser les terres.

Photo : N. Bazin, 1959. Cote : E6, S7, P1021-59

Dans le havre de l'anse à Beaufils

Les « gaspésiennes » sont des barques à deux mâts de la Gaspésie de la fin des années 40, avant que les moteurs viennent remplacer les voiles. Pour les vieux pêcheurs, c'étaient de « vrais bateaux », parce que, pour s'en servir, les pêcheurs devaient connaître tous les secrets du maniement des voiles.

Photo : E.L. Désilets, 1948. Cote : E6, S7, P73822

Une belle prise bien méritée

Remplir ainsi une barque de morues en « jiggant », c'est-à-dire en pêchant à la faux, « ça épuise son homme ». Seul, debout dans l'embarcation, une ligne dans chaque main, le pêcheur se balance toute la journée sur un pied, puis sur l'autre, pour animer les hameçons qu'il mouille de chaque côté de la barque et auxquels viendront mordre les morues.

Photo : H. Lavoie, 1941. Cote : E6, S7, P317

Pêcheurs d'éperlans

Le soir, après souper, des dizaines de canots, chacun monté par trois ou quatre pêcheurs, s'arrêtaient sur les eaux en face de New Liverpool, près du pont de Québec. On en revenait avant la brunante, avec des paniers remplis d'éperlans ou « petits poissons blancs » que l'on consommait le lendemain.

Photo : J.W. Michaud, 1946. Cote : E6, S7, P34310

Déchargement de la morue

Plusieurs quais bâtis sur chevalets étaient montés et entretenus grâce à des corvées. Le soir, autour de ces constructions fragiles, il y avait une grande animation lorsque les barques entraient pour décharger la morue. On se servait d'un bâton muni d'un crochet en fer pour cette opération. C'est à partir du quai, au soleil couchant, que les pêcheurs surveillaient les teintes du ciel et les cris des oiseaux, des signes qui permettaient de prévoir le temps du lendemain.

Photo : H. Lavoie, 1941. Cote : E6, S7, P1339

Départ des pêcheurs de Grande-Rivière

Tôt le matin, les hommes préparent leurs agrès et lèvent les voiles, espérant que la pêche sera fructueuse. Pendant quelques moments, ils pourront se parler d'une embarcation à l'autre, puis ce sera le grand silence de la mer scandé par le clapotis des flots.

Photo : E.L. Désilets, 1949. Cote : E6, S7, P73831

Des fous de bassan à perte de vue

Plusieurs riches familles américaines, dont des industriels, des politiciens et des acteurs, vinrent d'abord séjourner dans la péninsule gaspésienne pour le dépaysement qu'ils y trouvaient. Depuis, la région de Percé demeure toujours une destination estivale de choix. La vue du rocher Percé et le voyage en yatch autour de l'île Bonaventure habitée par les fous de bassan constituent deux des activités qui font la renommée des lieux.

Photo : H. Lavoie, 1942. Cote : E6, S7, P10141

Au nord de la baie d'Ungava

Inuit glissant doucement sur les eaux dans son kayak, pour venir à la rencontre du botaniste Jacques Rousseau, en 1951. Le kayak est une embarcation légère et aisément maniable.

Photo : M. Ritchie, 1951. Cote : E6, S7, P88591

Guide sur la Métabetchouan

Le guide de pêche d'un club privé remplissait plusieurs tâches. Il surveillait les braconniers qui s'aventuraient à pêcher dans les bassins où séjournait le poisson. Il savait s'attirer le respect des «sports» par son savoir-faire. Il connaissait l'art de lancer la mouche et de passer la canne à pêche dans les mains d'un touriste dès qu'un saumon était pris. Il faisait l'emballage du poisson dans des boîtes remplies de glace qu'il allait ensuite expédier par train aux amis des riches vacanciers.

Photo : G. Bédard, 1948. Cote : E6, S7, P61510

La montée d'un rapide

Au pied du rapide aux Iroquois, sur la rivière Vermillon, le canotier a le choix de portager son canot « à la cordelle », c'est-à-dire en le tirant au moyen d'une corde passée sur une épaule, ou de le porter renversé sur ses épaules, ou encore de l'agripper par un côté et le faire passer à travers les roches et l'eau déferlante.

Photo : Canadien national. Cote : P428, DL912, P9

Un petit coup de ligne après souper

Sur l'étang de la ferme familiale, aux Boules, à Matane. L'équipement est rudimentaire, mais l'occupation ne laisse pas d'être tout à la fois sérieuse et agréable.

Photo : O. Beaudoin, 1954. Cote : E6, S7, P1021-54

L'école buissonnière

Deux fidèles amis sur le lac à Ferme-Neuve, à Labelle, en 1953. La belle insouciance de l'enfance dans un décor et une occupation où le naturel joue le plus grand rôle.

Photo : O. Beaudoin, 1953. Cote : E6, S7, P96977

Plaisirs d'été tant attendus !

Enfin, les petits voiliers quittent le quai pour aller folâtrer sur le fleuve. On admirera le savoir-faire de ces navigateurs du dimanche qui cherchent le défi et la distraction.

Photo : Hethrington. Cote : E6, S8, P76

Une belle photographie pour les amis

Voilà une bonne manière de faire de la barque à voile pour ceux qui ont le mal de mer. Il s'agit de prendre place dans l'embarcation qui demeure amarrée au rivage et de jouir des mouvements de la marée montante. On se donne l'illusion d'un voyage en mer.

Photo : Canadien national. Cote : P428, DL320, P3

Des rivières à saumon

Des rivières comme la Cascapédia et la Matapédia furent pendant un siècle des lieux de pêche fréquentés par de riches touristes canadiens et américains qui, dirigés par des guides expérimentés, passaient la journée à taquiner le poisson. Le soir venu, ils causaient longuement autour d'une table bien garnie de mets et de vins de qualité. Les propriétaires de ces clubs privés y invitaient des amis, des commerçants et des industriels, même des politiciens, avec lesquels ils raffermissaient leurs liens amicaux et d'affaires.

Photo : G. Bédard, 1949. Cote : E6, S7, P73560

Phare de Cap-des-Rosiers

Les phares terrestres, comme celui de Cap-des-Rosiers, étaient convoités par les gardiens, car ils offraient bien plus de loisirs que ceux construits sur des îles ou sur des rochers dans le fleuve. On peut imaginer le travail qu'on y accomplissait avant l'arrivée de l'électricité, puisque le mécanisme actionnant le mouvement des lumières était animé par des poids que l'on devait, plusieurs fois par nuit, remonter du bas jusqu'au haut de la tour en gravissant des centaines de marches.

Photo : H. Lavoie, 1941. Cote : E6, S7, P1386

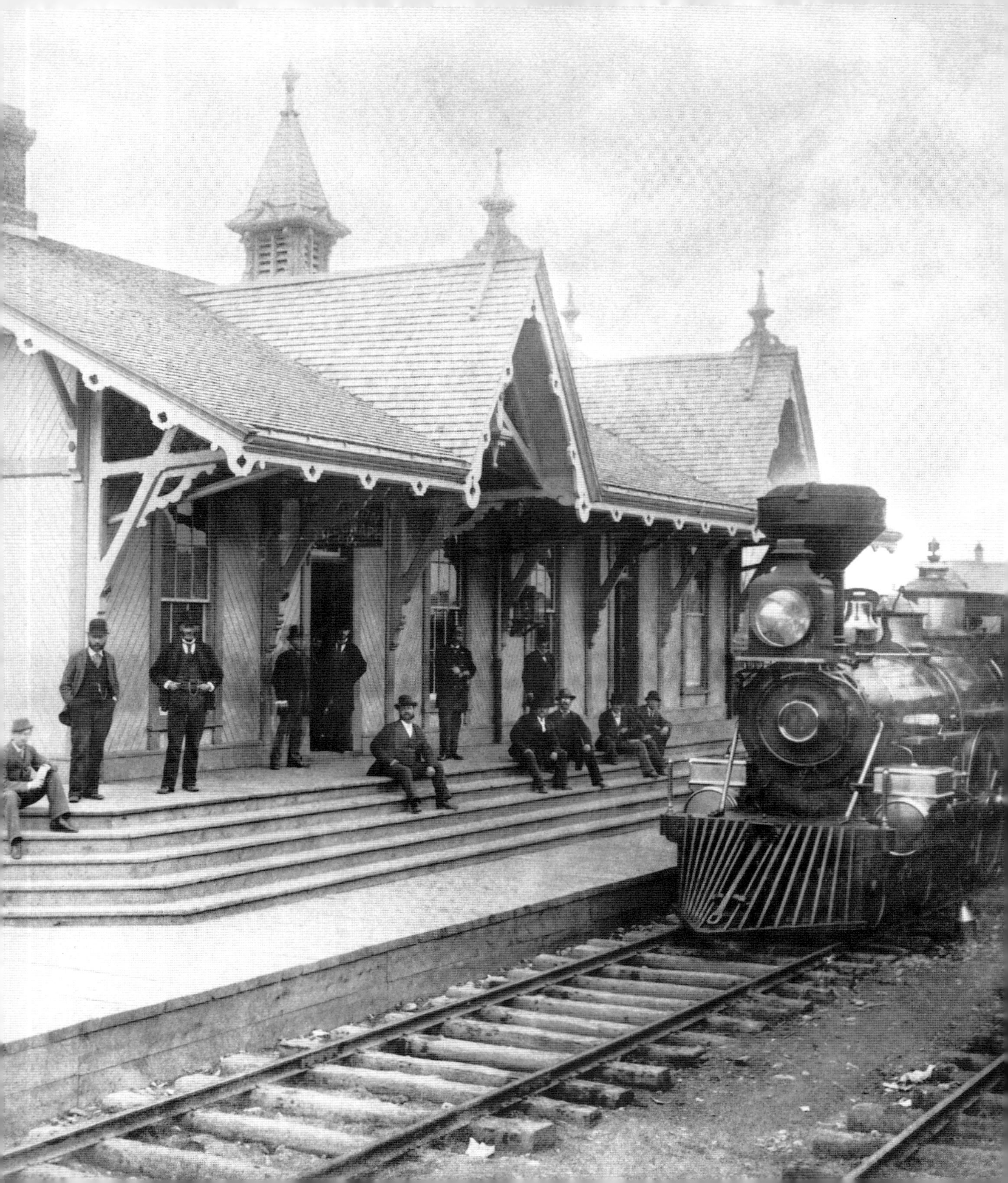

Les p'tits chars

Rue Saint-Jean, Québec, fin du XIXe siècle

Au milieu de la rue pavée de pierres, des rainures métalliques sur lesquelles circulait le tramway tiré par des chevaux étaient aussi utilisées par les charretiers et les livreurs dont le véhicule était muni de roues qui s'y inséraient. Ils pouvaient ainsi se déplacer en douceur, contrairement à ceux qui roulaient sur les pierres raboteuses.

Photo : L.-P. Vallée. Cote : E6, S8, P467

Halles Saint-Roch, à Québec, fin du XIXe siècle

Les habitants de l'île d'Orléans, de la Côte-de-Beaupré et d'autres endroits des alentours de la ville de Québec, venus en voiture chargée de produits, s'installaient aux halles dès les premières heures du matin. Les clients en repartaient les bras chargés de fruits et légumes, de viande, de pain et pâtisseries, de sucre d'érable, de miel, d'œufs, de beurre, de lièvres, de sauvagines et de bien d'autres « effets », tels que des fleurs artificielles, des palmes de Pâques, des catalognes, etc.

Photo : P. Gingras, vers 1895. Cote : P585, P193

Il y a 100 ans, le transport en commun avait du chic

À la fin du XIXe siècle, les petits chars électriques qui ont remplacé les omnibus sont munis d'un chasse-pierres, et en hiver d'un chasse-neige. Quant aux chauffeurs, hiver comme été, ils ont une tenue impeccable et sont fiers de leur véhicule comme s'il leur appartenait. Si l'on disait de quelqu'un qu'« il travaille sur les p'tits chars », on signifiait par là qu'il exerçait un métier des plus honorables.

Photo : P. Gingras, 1898. Cote : P585, P187

Rencontre de la basse-ville et de la haute-ville, Québec

Il est tôt le matin ; les livreurs de lait, de glace et de pain sont encore seuls à gravir la côte d'Abraham. Bientôt, les tramways surgiront de la rue de la Couronne remplis de fonctionnaires, et d'autres descendront la côte en ramenant vers la Basse-Ville les « laveuses du parlement » qui ont terminé leur travail de nuit.

Photo : auteur inconnu. Cote : P428, DL431, P67

Que votre règne eucharistique arrive

Les façades des maisons sont décorées de pavillons, d'écussons et de banderoles, et l'arche est magnifique. Les curieux commencent à arriver rue Saint-Jean, à Québec, pour voir passer le défilé du congrès eucharistique.

Le policier fait évacuer les automobilistes ; même le tramway devra libérer la rue. Car la procession du clergé et des fidèles, dans toute sa splendeur, défilera sous peu en direction du reposoir.

Photo : auteur inconnu. Cote : P428, DL431, P590

All aboard! En voiture!

À la fin du XIXe siècle, le dimanche surtout, des trains d'excursion partaient de Montréal et de Québec en direction de Charlevoix ou des Laurentides. Ils s'arrêtaient ici et là pour laisser pique-niquer les gens, leur faire admirer le paysage, ou découvrir des lieux de villégiature ou de pèlerinage.

Photo : P. Gingras, 1894. Cote : P585, P67

Wagon du service postal

Au début, le train, qui longe le fleuve, reçoit ses marchandises des navires. Celles-ci seront acheminées vers les grands centres canadiens et américains. Les gens peuvent aussi voyager en train sur de longues distances plus rapidement que par voie terrestre ou maritime. Et c'est aussi par chemin de fer que s'effectue le service postal.

Photo : A. Henderson. Cote : P1000, S4, D36, P23

Un test de résistance du nouveau pont

En juillet 1836, des rails en bois recouverts de lisses de fer, dénommés « serpents de fer » à cause de leur tendance à onduler, reliaient La Prairie à Saint-Jean-sur-Richelieu. Cette voie avait une largeur de dix pouces de plus que celles en usage aux États-Unis, pour ne pas que les Américains puissent s'en servir pour envahir le Canada. En 1850, le réseau ferroviaire du Québec ne mesurait pas encore soixante-dix milles de longueur.

Photo : A. Henderson. Cote : P1000, S4, D36, P3

Gare Windsor, Montréal

Chauffer la locomotive au charbon n'était pas de tout repos, comme le dit la chanson :

« Un jour à Montréal, étant sans travailler
Je m'en fus au Grand Tronc, c'était pour m'engager.
Le conducteur me crie : Embarque sur mon char
Il nous faut de la vapeur, chauffe, chauffe fort,
Ça t'apprendra mon drôle à t'engager chauffeur.
Rendu à Carillon, il est temps de souper.
Ah ! grand Dieu, moi qui n'ai pas encore dîné. »

Photo : Canadien Pacifique. Cote : P428, DL900, P5

Danville, village peuplé par les loyalistes du Vermont

Au milieu du XIXe siècle, avec Montréal et Québec, la région des Cantons-de-l'Est était très active économiquement. Les exportations minières et agricoles, de même que les produits manufacturés, étaient nombreux et atteignaient déjà les États-Unis et l'Europe. Cette région fut la première du Québec à être reliée par chemin de fer aux États-Unis, au port de Montréal et aux Grands Lacs. En 1875, la région était aussi reliée à la Beauce, à Mégantic et à Dorchester par le Quebec Central Railway.

Photo : Canadien national. Cote : P428, DL116, P5

L'Express Maritime entrant en gare à Rivière-du-Loup

En 1853, une ligne de chemin de fer reliait Portland à la rive sud de Montréal; trois ans plus tard, elle se prolongeait jusqu'à Toronto. Cette même année, des hommes d'affaires anglophones avaient déjà commencé à faire construire une voie ferrée pour relier cette ligne à Rivière-du-Loup, employant des milliers de cheminots jusqu'en 1860, année où l'on inaugura le pont Victoria pour faire entrer le Grand Tronc à Montréal.

Photo : J.W. Michaud, 1952. Cote : E6, S7, P94352

Le train se rend en Abitibi

Dans le premier quart du XXe siècle, pendant la construction des villes minières de l'Abitibi, tous les matériaux arrivaient par train. Il y avait beaucoup d'activité dans les gares : des agents de compagnie, des mineurs qui arrivaient et partaient, des femmes accompagnées de leurs enfants qui s'en venaient rejoindre leurs maris, mais aussi des bûcherons et des colons qui s'en allaient ouvrir des terres.

Photo : auteur inconnu. Cote : P428, DL715, P2

Selon qu'on était en matinée ou dans la soirée

*Dans les endroits où passait la voie ferrée, le convoi de l'*Express Maritime *indiquait que le moment était venu de « mettre les patates au feu », ou de coucher les enfants, etc. Mais, durant la guerre de 39-45, on ne pouvait plus s'y fier, car il passait des trains de soldats à toute heure du jour ou de la nuit. À cette époque, dans les trains de voyageurs, les soldats avaient la priorité des sièges.*

Photo : J.W. Michaud, 1953. Cote : E6, S7, P96393

Un train dans les nuages

Le viaduc du Canadien National à Cap-Rouge, près de Québec, est maintenant considéré comme un site patrimonial qui fait partie du décor naturel. C'est toujours avec une certaine émotion qu'on voit les trains s'y aventurer lentement pour le franchir à des centaines de pieds dans les airs.

Photo : J.W. Michaud, 1948. Cote : E6, S7, P67639

Petit train va loin !

À la saison morte, des cultivateurs qui disposaient de forêt en bordure du chemin de fer coupaient des billes de bois franc de quatre pieds qu'ils cordaient ici et là le long de la voie ferrée. Les trains à vapeur qui chauffaient alors au bois s'arrêtaient s'y approvisionner au besoin. Vers 1900, le Grand Tronc offrait un dollar pour une corde de bois.

Photo : auteur inconnu. Cote : P428, DL454, P20

Au rapide des Érables, sur la rivière des Outaouais

La région de l'Outaouais sera d'abord desservie par quatre tronçons de voie ferrée reliant l'un à l'autre les bassins de l'Outaouais. Entre chacun, des chevaux marchant sur des trottoirs de bois doivent traîner sur des rails de fer passagers et marchandises, là où s'imposaient autrefois les portages à dos d'homme ou le halage à la cordelle.

Photo : B. Charron. Cote : E6, S7, D12, P4

Construction d'une ligne de chemin de fer entre Rouyn et Taschereau

En même temps que la fièvre de l'or et du cuivre se répandait en Abitibi, que des chômeurs fuyant les villes y défrichaient le sol pour se constituer des terres cultivables, que des bûcherons s'y rendaient couper du bois dans les chantiers forestiers, des voies ferrées étaient construites pour desservir tout ce monde.

Photo : Canadien national. Cote : P428, DL454, P10

Des trains partout dans les champs

À la fin des années 30, les tourbières du Bas-du-Fleuve attirèrent les travailleurs employés par centaines durant les mois d'été par des Européens ou des Américains qui y faisaient l'extraction de la tourbe. Ces terrains se couvrirent de petites voies ferrées sur lesquelles des locomotives tiraient des charges de blocs de tourbe séchée pour les acheminer aux moulins qui les réduisaient en poudre.

Photo : P Carpentier, 1955. Cote : E6, S7, P1605-55

La route du progrès

Un vrai de vrai, avec ses lunettes et ses mitaines à pagodes

Les gens qui s'en allaient sur la route en voiture à cheval étaient furieux quand ils voyaient venir ces motocyclettes bruyantes, car ils avaient toutes les misères du monde à empêcher leur bête de prendre le mors aux dents. Même les humains auront de la difficulté à se faire à ces pétarades.

Photo : auteur inconnu. Cote : P337, D10, P59

La visite du cousin

En 1919, il fallait être mécanicien pour utiliser une motocyclette à la campagne ; et les pièces pour la réparer n'étaient pas à la portée de la main ! Malheur au prétendant qui se risquait à faire monter sa belle dans une « casserole » de motocyclette ; il aurait à se faire pardonner par sa future belle-mère, car, à l'époque, s'il y avait une chose qu'une fille ne pouvait s'offrir, c'était bien un tour de motocyclette.

Photo : auteur inconnu, 1919. Cote : P710

Attention ! Voilà la force constabulaire qui s'amène !

Nous sommes à la toute fin du XIXe siècle, et les campagnards qui reviennent de Montréal rapportent qu'ils ont vu là des voitures qui se déplacent sans cheval ! Tous, les citadins compris, sont loin de soupçonner les encombrements que ce nouveau moyen de transport va occasionner dans des rues qui n'ont pas été conçues pour une invention qui appartiendra à tout le monde.

Photo : auteur inconnu. Cote : P337, D10, P62

L'été à Sainte-Anne-de-Beaupré

On vient de loin à la fête de sainte Anne, et par tous les moyens : en automobile, en train, en bateau, et même à pied. On en rapportera un chapelet, une banderole ou une médaille. Mais malheur aux voleurs à l'étalage, un chien fidèle veille sous l'étal de la vendeuse.

Photo : Canadien national. Cote : P428, DL515, P49

Un village accueillant

Fondé en 1777 par un groupe d'Écossais, l'endroit doit son nom à John Abbott, ancien premier ministre du Canada. Le village d'Abbotsford avait toutes les commodités en 1920 : les rues étaient éclairées à l'électricité, il y avait un hôtel, un téléphone public, des pompes à essence, une taverne où l'on vendait de la bière Dow ou Molson, etc. Les arbres ajoutaient une note de gaieté à ces maisons qui ont fière allure.

Photo : Canadien national. Cote : P428, DL1, P3

Artère principale de Granby, vers 1920

On peut voir, à droite, une décapotable sport connue sous le nom de « wipette », le genre d'automobile qui faisait tourner les têtes à l'époque. À remarquer aussi le siège escamotable à l'arrière du véhicule : à recommander surtout en été.

Photo : Canadien national. Cote : P428, DL167, P5.

Côte de la Fabrique, Québec, vers 1915

La plupart des automobilistes ont stationné leur véhicule en « crampant » leurs roues avant vers le trottoir, une manière de les empêcher de dévaler la côte puisque le frein à main n'existait pas à l'époque. On ignorait aussi qu'un jour il serait nécessaire de réglementer le stationnement en bordure de rue, voire l'interdire.

Photo : auteur inconnu. Cote : P428, DL431, P567

Avenue Royale, Sainte-Anne-de-Beaupré, vers 1920

Cette ancienne route principale de campagne, devenue une rue achalandée d'un lieu touristique, affiche tous les services et objets susceptibles d'accommoder et de tenter les visiteurs. C'est aussi un lieu de pèlerinage qui attire des foules nombreuses. Il ne semble pas y avoir d'encombrement causé par l'automobile.

Photo : Canadien national. Cote : P428, DL515, P24

Avenue Royale, Montmorency, vers 1920

Vieille maison en pierre recouverte de crépi, d'esprit breton, au toit lourd présentant de longs versants qui abritent des chambres éclairées par des lucarnes et un grand grenier sans utilité. Ce type de construction aux pièces profondes laisse entrer peu de clarté et le foyer adossé au mur-pignon réchauffe difficilement l'ensemble des pièces. Deux périodes se font face : la maison du Régime français et la voiture de la modernité américaine.

Photo : Canadien national. Cote : P428, DL515, P29

« Je ne m'habituerai jamais à ça ! »

Le vieux campagnard en visite chez sa fille à Montréal, dans un tel environnement, raccourcissait son voyage pour retrouver au plus tôt les plaisirs de son patelin.

Photo : auteur inconnu. Cote : P428, DL900, P17

Après la grand-messe, à Sainte-Marie de Beauce, en 1915

Les Beaucerons, renommés pour leur orgueil à l'égard de leurs chevaux, se sont très tôt procuré des automobiles. Très tôt aussi ils ont appris à se discipliner et à faire étalage de leur richesse en se garant selon des règles non écrites.

Photo : auteur inconnu. Cote : P428, DL556, P2

Monument de Jeanne Mance

Entrée de l'hôpital de l'Hôtel-Dieu de Montréal, vers 1931. La cour est occupée par des automobiles bien astiquées, dont une Chrysler, une Chevrolet et une Ford, des marques encore bien connues de nos jours. Celles-ci appartenaient probablement à des membres éminents de la profession médicale.

Photo : Canadien national. Cote : P428, DL900, P28

Entrée du monastère des Ursulines

La rue du Parloir, dans le Vieux-Québec, a vu défiler depuis plus de trois siècles plusieurs générations de filles qui ont poursuivi leurs études chez les dames ursulines. Ceux qui ont déjà fréquenté la rue du Parloir se souviendront de ce lieu particulier où il règne tantôt un grand silence, tantôt un air mélodieux provenant d'une salle de musique, tantôt une volée de cris des couventines en récréation. La circulation automobile y est peu abondante, ce qui n'altère pas le caractère réservé des lieux.

Photo : N. Bazin, 1944. Cote : E6, S7, P20947

Rue Principale, Bedford, Missisquoi

Pourquoi les cinémas, que ce soit à Gaspé ou à New York, ont-ils toujours une façade avant tout brillante, décorée de chapelets de lumières électriques de toutes couleurs et en mouvement, alors que la façade des banques est austère et sombre, défendue par des grillages métalliques ? La raison en est que le cinéma est un lieu de rêve et d'amusement, alors que la banque recèle des trésors qu'il faut protéger. Le cinéma et la banque entraînent la circulation automobile.

Photo : P. Carpentier, 1951. Cote : E6, S7, P84893

Place D'Youville, à Québec, lieu de rencontres

Cet endroit, qu'on appelait jadis le carré D'Youville, était le lieu préféré de gens de tous âges qui voulaient s'arrêter pour « voir du monde ». Le Gaspésien ou le Charlevoisien qui s'y installait l'après-midi ou en soirée était certain d'y rencontrer quelqu'un de ses connaissances. Il y avait aussi le vendeur de journaux, le nettoyeur de rues, et l'été le cireur de chaussures, et, à longueur d'année, tous les voyageurs qui se hâtaient pour ne pas rater l'autobus, car la place D'Youville était un centre important de correspondance du transport urbain.

Photo : J. Guibord, 1951. Cote : E6, S7, P54569. Centre d'archives de Montréal

« Avancez à l'arrière, s'il vous plaît ! »

Les enfants des villes prennent tôt des habitudes que ceux des campagnes ne pourront expérimenter qu'à un âge plus avancé. Ainsi, alors que dans les rangs les élèves se rendent à l'école à pied, ceux de la ville de Beauport, par exemple, peuvent voyager à l'école dans l'autobus du service urbain. Ce n'est que quelques années plus tard que le ramassage scolaire sera généralisé. Les enfants seront alors arrachés de leurs campagnes pour fréquenter les grandes écoles des villes.

Photo : N. Bazin, 1949. Cote : E6, S7, P73981

Ancien pont couvert sur la rivière Cascapédia, Bonaventure

Si les ponts couverts avaient l'avantage de protéger les voyageurs en voiture à cheval pendant l'orage ou la pluie, ils pouvaient aussi devenir le lieu de rassemblement de jeunes gens qui s'y cachaient pour faire peur aux chevaux et parfois aussi aux gens qui les franchissaient à pied. En certains endroits, la municipalité devait même y désigner un surveillant.

Photo : E.L. Désilets, 1949. Cote : E6, S7, P73787

Attention, sens unique !

Les ponts couverts furent souvent baptisés du nom du premier ministre de l'époque de leur construction. Ces ponts ont l'avantage de posséder une forte charpente de pièces entrecroisées qui confère de la résistance au tablier, et la toiture protège contre la pluie et la neige. Rappelons qu'il était interdit d'y faire trotter les chevaux : une affiche au-dessus de l'entrée le rappelait, avec l'amende appropriée. Quant aux voitures automobiles, la voie étroite n'autorisait que le passage à sens unique.

Photo : R. Marchand, 1942. Cote : E6, S7, P7371

« Mon mari est parti à la coopérative »

La succursale de la Coopérative fédérée est un lieu de services et de rencontres pour les cultivateurs. C'est là qu'ils sont mis au courant des « histoires de village » et qu'ils apprennent les nouvelles sur les variations des prix des denrées qu'ils produisent. Ils y font moudre leur grain, y achètent des rouleaux de broche à clore, des pierres de sel pour les vaches, etc. C'est le forum des cultivateurs.

Photo : O. Beaudoin, 1948. Cote : E6, S7, P62151

Une belle récolte de sacs de patates

Peu à peu les cultivateurs se procurent des camions, surtout lorsqu'ils font eux-mêmes la vente de leurs légumes au marché ou chez les particuliers. Ainsi peuvent-ils aller plus facilement et plus commodément vers les consommateurs, avec des produits garantis frais du jour.

Photo : J.W. Michaud, 1948. Cote : E6, S7, P66782

La grandeur de la laiterie témoigne de l'importance de la ferme

La laiterie en pierre ou à murs en bois remplis de sable, et sans fenêtres, demeurait fraîche en été. Un gros arbre qui lui procure de l'ombre, un puits installé à l'intérieur, une grosse pierre plate sous la construction, une porte double, autant de secrets pour ajouter de la fraîcheur. Et pour garantir la fraîcheur du lait, on le transporte rapidement chez le beurrier ou le fromager avec un véhicule plus rapide que le cheval.

Photo : O. Beaudoin, 1951. Cote : E6, S7, P88856

Des « peddlers » à cassettes aux vendeurs motorisés

Dans les années 40, les quelques anciens « peddlers » qui fréquentaient les campagnes depuis longtemps et qui étaient connus de tous disparurent ; et une multitude de nouveaux vendeurs itinérants qui ne passaient guère plus d'une fois chacun les remplacèrent. Alors que les anciens ne vendaient que des vêtements neufs achetés de fabriques montréalaises, les nouveaux offraient de la lingerie usagée ou des pièces diverses de mauvaise qualité qu'ils se procuraient chez les « jobbers » de la rue Saint-Joseph, à Québec. L'automobile procura au colporteur l'avantage de desservir un territoire élargi ou de visiter ses clients plus fréquemment.

Photo : O. Beaudoin, 1953. Cote : E6, S7, P96975

Des robes, des coupons à la livre !

Un vendeur ambulant tente d'offrir sa marchandise à une dame de Saint-Rosaire d'Arthabaska. Le colporteur ambulant – tout comme l'ancien – savait séduire ses clients, même parmi les jeunes. Il avait aussi la possibilité de renouveler son stock, grâce aux visites qu'il effectuait plus fréquemment chez les manufacturiers.

Photo : O. Beaudoin, 1957. Cote : E6, S7, P3948-57

Feu l'autosuffisance

Tout ce qui ne leur est pas familier attire les enfants ; ils veulent voir de près. Ici, c'est le fléau de la balance employé par le boucher ambulant de Berthier qui les fascine. Jadis les habitants des campagnes produisaient eux-mêmes leurs denrées. En ville, on se rendait au marché public ou chez quelques marchands spécialisés. L'automobile a rapproché le producteur et le vendeur de leurs clients.

Photo : O. Beaudoin, 1948. Cote : E6, S7, P63635

À Sainte-Félicité, Matane

Les campagnards sont souvent des «patenteux»; celui-ci s'est servi d'un dessous de vieille automobile pour se faire un véhicule de livraison de lait. Peu importe l'esthétique, c'est le résultat qui compte et, sans doute, le plaisir que prend le laitier à se déplacer sans effort et d'une façon originale. Celui-ci a fait de son métier un sport de plein air.

Photo : O. Beaudoin, 1954. Cote : E6, S7, P1251-54

Livreur de lait à Rivière-du-Loup

Florent Rioux et ses fils font leur « run de lait ». Ils sont arrêtés devant l'hôtel Saint-Louis, lieu où se rencontrent les « messieurs de l'époque », appelés les « canneux » parce qu'ils portent une canne, symbole de réussite économique et sociale. Le livreur a perfectionné son mode de livraison.

Photo : O. Beaudoin, 1957. Cote : E6, S7, P3734-57

« Des fraises, des fraises, des belles fraises ! »

Depuis des générations, les gens de La Durantaye parlent de fraises même l'hiver ; et l'été, pendant la courte période de la cueillette des fraises, vous les voyez affairés, aussi bien aux champs qu'à la livraison des cageots à la gare de chemin de fer. C'est un va-et-vient entre les lieux de cueillette et le point d'expédition. Les moyens de transport rapides et perfectionnés mettent les productions alimentaires à la portée des consommateurs.

Photo : N. Bazin, 1949. Cote : E6, S7, P69963

« J'emporte trois cageots de 100 poulets chacun »

Au tout début de l'été, dans les années 50, certains fermiers se procuraient des centaines de poussins aux postes d'incubation subventionnés par le gouvernement. À l'automne, les poulets engraissés étaient tués et vendus dans les marchés publics ou à des « pratiques » des villages environnants, ou offerts de porte en porte. Cette pratique de l'élevage constituait souvent la première expérience d'affaires des jeunes hommes qui voulaient voler de leurs propres ailes. Le transport par camion leur permettait d'acquérir ou de vendre des quantités importantes de ces volatiles.

Photo : O. Beaudoin, 1951. Cote : E6, S7, P89326

« *Des gens à l'aise, bien installés* »

Lorsque arrivait le moment de se porter candidat à l'Ordre du mérite agricole, tout était propre autour de la maison, même le jardin, et l'on exposait les outils et machines agricoles et les véhicules utilitaires bien en vue. Car les juges qui décernaient la médaille visitaient non seulement les animaux, mais tout ce qui composait l'exploitation et lui donnait son apparence de bonne tenue. On mettait bien en évidence la touche de modernité du camion qui permettait à l'exploitant d'être en contact avec les marchés extérieurs.

Photo : O. Beaudoin, 1950. Cote : E6, S7, P78135

Pointe-Basse, Havre-aux-Maisons, Îles-de-la-Madeleine

Le long des côtes capricieusement dentelées se trouvent des plages de sable fin, qu'on appelle « dunes », à travers lesquelles on se fraie un chemin. Il n'y a pas de si petit hameau qui n'ait pas besoin de moyen de transport moderne.

Photo : P. Carpentier, 1947. Cote : E6, S7, P36582

Du bois sec pour l'hiver

En 1953, le camion a remplacé le cheval pour faire le transport des produits agricoles et forestiers. Efficacité, rapidité, rentabilité sont les mots clés qui caractérisent de plus en plus le commerce, peu importe la place des commerçants ou leur importance relative.

Photo : O. Beaudoin, 1953. Cote : E6, S7, P96987

Les petits débrouillards des années 50

Les jeunes fils de fermiers s'y prennent de plusieurs façons pour se faire des sous ; les uns élèvent un veau qu'ils vendront au boucher, les autres font un jardin qui leur rapportera quelques dollars ; d'autres encore, plus modestes, vendent des petits fruits sauvages ou des noisettes le long du chemin. Ceux-ci, de Sainte-Émilie de Lotbinière, ont vendu une charge de bois de chauffage. Ils ont emprunté le tracteur familial : un bon coup de main du père a tout de même été nécessaire.

Photo : O. Beaudoin, 1957. Cote : E6, S7, P3693-57

Retour à la mer

Camion au quai de Cap-aux-Meules, aux Îles-de-la-Madeleine, déversant une charge de harengs dans une « gabare » ou radeau pour être acheminée vers l'usine de transformation du poisson située ailleurs sur l'île. Le camion avec sa benne simplifie les opérations ; il peut aussi prendre des charges importantes.

Photo : M. Vergnes, 1954. Cote : E6, S7, P98344

Des tomates de Saint-Michel

Dans la région de Napierville, les tomates poussent et mûrissent comme par enchantement. Au mois d'août, on ne fournit plus à les cueillir. On fait alors appel à une main-d'œuvre abondante et à des moyens de transport rapides et sûrs. Sitôt cueillis, les fruits doivent être acheminés vers les entrepôts, les marchés et la table du consommateur.

Photo : O. Beaudoin, 1955. Cote : E6, S7, P2771-55

De Luxe Taxi Service, Baie-Comeau

Dans les années 40, la Côte-Nord est une région où l'autoneige rend de grands services aux travailleurs des chantiers forestiers, aux médecins et aux gardes-malades qui assistent les malades et les parturientes. Une autre adaptation du Canadien à son hiver.

Photo : G. Bédard, 1949. Cote : E6, S7, P68261

Autobus A. Drolet ltée, Tadoussac

Dans certaines régions comme le Témiscouata, Rimouski, la Gaspésie, la Côte-Nord et le Saguenay, l'autoneige assure le lien entre la campagne et la ville, que ce soit pour les affaires ou pour des visites aux parents, aux amis, au médecin... Le transport en commun prouve aussi son efficacité en hiver.

Photo : G. Bédard, 1949. Cote : E6, S7, P68278

Chez les Milot, à Yamachiche

Deux hommes qui ne perdent pas une minute transvident des sacs de chaux sèche dans un épandeur qui la répand sur le terrain. Les anciens préparaient eux-mêmes la chaux en faisant chauffer des pierres tendres qu'ils broyaient ensuite à la masse. Puis, ils en remplissaient un sac de jute qu'ils se passaient au cou et dont ils jetaient le contenu à poignées sur le champ.

Photo : O. Beaudoin, 1953. Cote : E6, S7, P97134

Le sage prodigue ses conseils

Lorsque les tracteurs ont remplacé les chevaux, le plaisir de conduire ces machines l'emportait sur la fatigue occasionnée par l'accomplissement de la tâche exécutée. Aussi avait-on même l'habitude de se rendre faire les commissions au village en utilisant le tracteur plutôt que l'automobile. Le tracteur pouvait aussi transporter des charges considérables.

Photo : O. Beaudoin, 1953. Cote : E6, S7, P97002

Train de lin arrivant à la coopérative de Yamachiche

On ne coupe pas les tiges de lin pour les cueillir dans les champs ; il faut les arracher. Imaginez alors tout le travail effectué avant d'apporter le lin au moulin pour le faire broyer, peigner, blanchir et filer. La richesse d'une telle production est bien marquée par ce train de charrettes bien chargées et tirées par un tracteur.

Photo : O. Beaudoin, 1953. Cote : E6, S7, P97144

Excursion aux champs

Toute la famille participe à la rentrée du foin chez les Lachance de Saint-Benoît, dans la région de Deux-Montagnes. Le tracteur n'empêche pas que toute la main-d'œuvre disponible soit utilisée ; en retour, on accorde une petite promenade à bon marché. On mêle l'utile à l'agréable.

Photo : O. Lachance, 1950. Cote : E6, S7, P79666

Portage du Cap, Îles-de-la-Madeleine

Seuls les gens des Îles construisent des « baraques » pour y remiser le fourrage et le faire sécher. La toiture, rattachée aux quatre poteaux de coin au moyen de poulies et de cordages, peut être abaissée ou élevée à volonté, selon la quantité de foin à abriter. Ce moyen traditionnel voisine avec le tracteur de ferme qui rend des services inestimables dans une exploitation qui, si modeste soit-elle, n'échappe pas à la règle de la rentabilité.

Photo : O. Beaudoin, 1954. Cote : E6, S7, P1061-54

Les grands-parents ne sont pas toujours d'accord

Les enfants qui vivent dans une ferme apprennent très tôt à s'acquitter de tâches généralement accomplies par les adultes. Cependant, ces derniers veillent de près au moment des premières expériences. Un accident est si vite arrivé ! Mais n'y pensons pas trop. Admirons plutôt comme le petit a déjà l'allure et l'attitude de l'emploi.

Photo : O. Beaudoin, 1953. Cote : E6, S7, P97122

« En caravane, allons à la cabane ! » dit la chanson

Dans une érablière de Sainte-Perpétue de l'Islet, en 1957, le sucrier n'a pas attendu l'arrivée du transport de l'eau d'érable au moyen de la tuyauterie de plastique pour augmenter sa production ; il a remplacé le cheval par un tracteur à chenilles qui peut tirer de très grands récipients sur des chemins accidentés et qui est aussi utilisé pour ouvrir les chemins dans la neige.

Photo : O. Beaudoin, 1957. Cote : E6, S7, P1058-57

« Oui, de la grosse misère, des routes de terre jaune, pleines de trous »

Durant la crise économique des années 30, les chômeurs qui allèrent s'installer dans les régions de l'Abitibi et du Témiscamingue pour y défricher des terres ont eu la vie dure. Plusieurs en seraient revenus s'ils avaient eu de l'argent pour payer le transport de leur famille. À certains endroits, vingt-cinq ans plus tard, on regrettait encore la vallée du Saint-Laurent. Heureusement, il y avait de la machinerie pour leur faciliter la tâche.

Photo : N. Bazin, 1960. Cote : E6, S7, P2946-60

G-CAJN

Sur les ailes du temps

« Le R-100 va passer ! »

Au milieu de juillet 1930, le R-100 arrivant d'Angleterre se dirige vers Québec et Montréal en suivant le fleuve Saint-Laurent. Partout, on veut voir passer le dirigeable. Finalement, les gens aperçoivent, pas très haut dans le ciel, un long ballon blanc qui glisse lentement d'est en ouest. Ce fut une croisière triomphale. La même année, les Anglais construisent le R-101 qui, malheureusement, explosa et entraîna quarante-huit personnes dans la mort.

Photo : Canadien Pacifique. Cote : P428, DL900, P1

« Vite ! Une photographie du R-100 ! »

Les photographes des grands journaux de l'époque courent vers l'aéroport pour monter dans un avion et s'approcher du dirigeable anglais. À Québec, comme il n'y a plus de pilote disponible, le photographe du journal Le Soleil *accepte alors l'offre que lui fait un jeune beauceron, Joseph Fecteau, de Sainte-Marie, de le « grimper » dans le ciel. Ils rencontrent le R-100 au-dessus de l'île aux Coudres. C'était le premier voyage commercial du jeune pilote !*

Photo : Canadien Pacifique. Cote : P428, DL900, P3

Les premières pistes d'atterrissage

Dans les années 30, le premier aéroport à Québec était situé au bois Gomin, à Sainte-Foy, où s'élève aujourd'hui le centre commercial Place Laurier. Une plaque commémorative y a été placée pour rappeler le souvenir de l'un des premiers aviateurs, Roméo Vachon, de Sainte-Marie de Beauce, dont trois frères étaient également pilotes. Les avions qui se dirigeaient vers Montréal atterrissaient à Saint-Hubert. Mais, pendant une dizaine d'années, on utilisait surtout des hydravions, parce que le Québec était parsemé de lacs où ils pouvaient facilement se poser.

Photo : Compagnie Aérienne Franco Canadienne, 1930. Cote : E21, SCAFC, PS24

Val-Brillant devient une base importante

En 1926, la Compagnie Aérienne Franco-Canadienne entreprend de photographier et de dresser la topographie de toutes les régions du Québec. Le lac Matapédia, à Val-Brillant, et le fleuve, à Pointe-aux-Trembles, servent à l'amerrissage. Comme infrastructure à la navigation aérienne, c'était le minimum.

Photo : Compagnie Aérienne Franco Canadienne, 1930. Cote : E21, SCAFC, PV1

« Vive les vêtements en cuir ! »

Au début des années 30, dans l'avion monomoteur, le pilote et le passager prennent place dans un habitacle ouvert. Pour se protéger du froid et du vent, ils portent des lunettes, de même qu'un casque, une veste, des bottes et des mitaines de cuir. En hiver, il faut ajouter un masque de cuir sur la figure. Il fallait des braves pour pratiquer cette profession : les Québécois pouvaient en fournir.

Photo : Compagnie Aérienne Franco Canadienne, 1930. Cote : E21, SCAFC, PZ31

Braver le vent

Des années 30 à 40, les pilotes disposent d'une boussole et de cartes géographiques incomplètes. Tous les pilotes font du vol à vue ; les instruments n'existaient pas. Pour se guider, ils se fient sur des points de repère, des lacs, des rivières, des montagnes, des forêts incendiées. Comme il n'y a presque pas de pistes, on amerrit sur les lacs. C'est vers 1949 seulement qu'on installe à bord un premier appareil radio de faible puissance.

Photo : Compagnie Aérienne Franco Canadienne, 1930. Cote : E21, SCAFC, PZ21

Arrêt pour laisser passer l'orage

Le pilote est constamment aux aguets ; il surveille les bruits suspects du moteur ou les orages. La moindre défaillance technique peut être fatale. En cas d'orage, il vaut mieux se poser et attendre en toute tranquillité qu'il soit passé. On perd du temps, mais la vie n'a pas de prix ! Le pilote surveille aussi les signaux de détresse au sol : branches agitées, canots tournant en rond sur l'eau ou troncs d'arbre croisés sur la neige.

Photo : Compagnie Aérienne Franco Canadienne, 1930. Cote : E21, SCAFC, PZ17

« Envolée de vingt-cinq milles. La surprise de votre vie »

À l'été 1930, les frères Arthur et Joseph Fecteau, de Sainte-Marie de Beauce, parcourent la province et offrent aux gens de leur faire vivre leur baptême de l'air. Pour ajouter du piquant, un jour, Arthur se lance d'une hauteur de 915 mètres au-dessus du fleuve, en utilisant un parachute rapiécé provenant de la guerre de 14-18. En 1960, Arthur disposera de vingt-cinq appareils pour desservir les régions du Saguenay, du Lac-Saint-Jean, de l'Abitibi et de tout le nord-ouest du Québec.

Photo : O. Beaudoin, 1957. Cote : E6, S7, P1027-57

Avion de la Canadian Pacific Airlines en 1950

En 1918, il y avait quelque trois mille pilotes au Canada. Six cent quatre-vingt parmi eux avaient fait partie de l'armée de l'air durant la guerre de 14-18. En 1920, on faisait en avion la première traversée du Canada en dix jours ; le premier vol vers l'Europe eut lieu en 1939.

Photo : E.L. Désilets, 1950. Cote : E6, S7, P80079

Chargement de fourrures au lac Waswanipi

Des années 40 jusqu'aux années 50, le commerce de la fourrure est florissant en Abitibi et sur la Côte-Nord. Les pilotes de brousse font le transport des fourrures pour la Compagnie de la Baie d'Hudson. On a même vu des avions transporter, attachés sous les ailes ou sur les flotteurs, des canots, du matériel de prospecteur, de garde-feu, etc. On est débrouillard et audacieux : c'est à ce prix qu'on a réalisé des conquêtes contre les éléments et contre une nature parfois hostile.

Photo : J. Duguay, 1949. Cote : E6, S7, P70737

Approvisionnement en essence au grand lac Mistassini

Il existe peu d'endroits pour s'approvisionner en carburant en chemin. Aussi, les pilotes se font des réserves dans des barils cachés à la lisière de la forêt, ou sur des îles. Cependant, comme il y a déjà plusieurs entreprises qui se font concurrence, « il arrive que des pilotes tombent dans la cache d'un autre pilote ». L'importance de la base que l'on voit ici est marquée par le quai, les barils d'essence et la présence de plusieurs personnes (pilotes, passagers, gardien). Les Amérindiens avaient déjà reconnu la situation stratégique de l'endroit en y établissant leur réserve.

Photo : G. Bédard, 1950. Cote : E6, S7, P79292

Chargement de castors vivants

Vers 1950, le gouvernement demande à des Amérindiens de capturer des castors qui seront déplacés vers la baie James où ils sont en voie d'extinction. À l'occasion, les avions transportent aussi des chiens et des traîneaux amérindiens qui serviront aux arpenteurs et aux prospecteurs. L'époque des coureurs de bois et des voyageurs n'est plus qu'un souvenir, bon tout au plus pour les livres d'histoire.

Photo : G. Bédard, 1950. Cote : E6, S7, P79080

Le transport du courrier vers les hameaux isolés

C'est Roméo Vachon, originaire de Sainte-Marie de Beauce, qui inaugure le transport du courrier, de Québec à Sept-Îles et à Anticosti, le jour de Noël 1927. Il part en monomoteur Fairchild G-CAIP faire son premier voyage de six cents milles qu'il effectue en une dizaine d'heures. Selon la saison, son avion est équipé de skis ou de flotteurs pour se poser sur les lacs.
Photo : B. Brouillette, 1946. Cote : E6, S7, P32476

En attente sur un lac du Nord québécois

Les pilotes emmènent des infirmières qui se rendent aux réserves Waswanipi, Obedjiwan, Mistassini et Manouane donner des soins aux Amérindiens. Ils y conduisent aussi des policiers et des médecins ; ils effectuent des transports vers les hôpitaux et les écoles des villes. L'avion est devenu nécessaire chez les Autochtones puisqu'il leur procure les secours élémentaires qui leur permettent de se sentir en sécurité dans le quotidien de leur vie traditionnelle.

Photo : B. Brouillette, 1946. Cote : E6, S7, P32480

A. Fecteau Transport Aérien limitée, en Abitibi

Dans les années 40 à 50, les pilotes de brousse transportent les arpenteurs-géomètres, les géologues et les photographes au service du gouvernement. Ils commencent aussi à remplacer les gardiens des tours de surveillance des feux de forêt, car leur champ d'observation est plus vaste. La ligne aérienne relie tous les points où la présence humaine est nécessaire.

Photo : G. Bédard, 1950. Cote : E6, S7, P79101

Atterrissage sur les plages de la dune du Nord

Les Îles-de-la-Madeleine sont reliées depuis les années 40 aux Maritimes par un service aérien régulier. Les avions qui atterrissaient sur les plages de sable y évoluaient aussi bien que sur les étendues neigeuses du Grand Nord. Dans sa plus simple expression, cette piste faisait faire un grand pas aux insulaires en les reliant au continent.

Photo : P. Carpentier, 1947. Cote : E6, S7, P36599

Cotes des pages séparatrices

XIV

Photo : Canadien Pacifique. Cote : P248, DL338, P1

24

Photo : J.W. Michaud, 1946. Cote : E6, S7, P32934

70

Photo : Canadien national. Cote : P428, DL580, P2

114

Photo : A. Henderson. Cote : P1000, S4, D36, P27

134

Photo : Canadien national. Cote : P428, DL91, P2

180

Photo : Compagnie Aérienne Franco Canadienne, 1930.
Cote : E21, SCAFC, PS25-A

Achevé d'imprimer en août 2001
sur les presses de l'imprimerie
J. B. Deschamps inc.
à Beauport